NOUVEL ALPHABET SYLLABIQUE,

ORNÉ DE 40 GRAVURES.

LIMOGES.
BARBOU FRÈRES, IMP.-LIBRAIRES.

MÉTHODE INGÉNIEUSE
ou
ALPHABET
SYLLABIQUE
POUR APPRENDRE A LIRE AUX ENFANTS.

Nouvelle Édition,

AUGMENTÉE DE DIX-HUIT LEÇONS D'HISTOIRE NATURELLE,

DE VINGT-DEUX PIÈCES DE LECTURE SUR LES ARTS ET LES SCIENCES LES PLUS UTILES A CONNAITRE;

D'UN TRAITÉ D'ARITHMÉTIQUE ET D'UNE TABLE DE MULTIPLICATION;

ET DE COMPLIMENS A UN PÈRE ET UNE MÈRE, POUR LE JOUR DE LEUR FÊTE ET LE PREMIER JOUR DE L'AN.

ORNÉE DE QUARANTE GRAVURES.

LIMOGES.
BARBOU FRÈRES, IMPRIMEURS-LIBRAIRES.

1857.

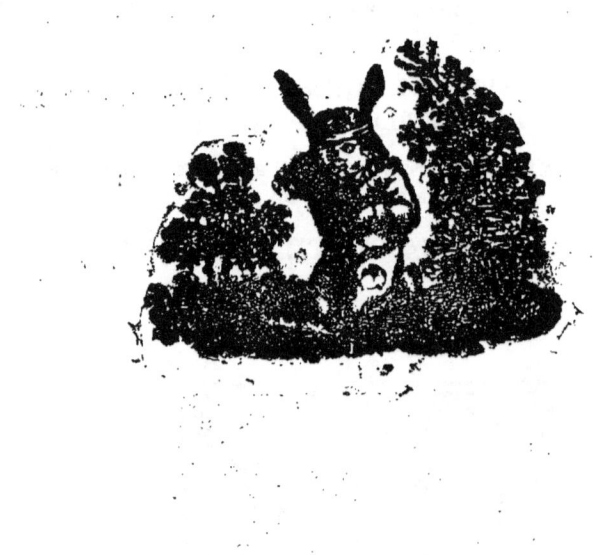

3

a	b
c	d
e	f

1.

4

g	h
i j	k
l	m

5

n	o
p	q
r	s

6

t	u
v	x
y	z

A a b c d e f g h i j k l m n o p q r s t u v x y z.

Let-tres : Ca-pi-ta-les.

A B C D E F G H
I J K L M N O P
Q R S T U V X Y Z.

Let-tres : I-ta-li-ques.

A a b c d e f g h i j k l m n o p q r s t u v x y z.

Ca-pi-ta-les : I-ta-li-ques.

A B C D E F G H I J K L M N O P Q R S T U V X Y Z

Vo-yel-les.

a, e, i, o, u, y.

Con-son-nes.

b c d f g h j k l m n p q
r s t v x z.

Diph-thon-gues.

æ, œ, ai, au, ei, eu, ay.

Let-tres : dou-bles.

fi, ffi, ff, fl, ffl.

Let-tres : ac-cen-tuées.

â ê î ô û   à è ì ò ù   á é í ó ú

Ponc-tu-a-ti-on.

Point	(.)	Apostrophe	(')
Virgule	(,)	Trait-d'union	(-)
Point et Virgule	(;)	Guillemet	(»)
Deux points	(:)	Astérisque	(*)
Point Interrog.	(?)	Parenthèse	( )
Point d'Admir.	(!)	Crochets	[ ]

Chif-fres.

1 2 3 4 5 6 7 8 9 0

SYL-LA-BES.

a	e	i	o	u
ba	be	bi	bo	bu
ca	ce	ci	co	cu
da	de	di	do	du
fa	fe	fi	fo	fu
ga	ge	gi	go	gu
ha	he	hi	ho	hu
ja	je	ji	jo	ju
ka	ke	ki	ko	ku
la	le	li	lo	lu
ma	me	mi	mo	mu
na	ne	ni	no	nu
pa	pe	pi	po	pu
qua	que	qui	quo	quu
ra	re	ri	ro	ru
sa	se	si	so	su
ta	te	ti	to	tu
va	ve	vi	vo	vu
xa	xe	xi	xo	xu
za	ze	zi	zo	zu

AU-TRES SYL-LA-BES.

ab	ad	af	al	'am	an	as	au
bac	bal	bam	ban	bar	bas	bat	bau
cab	cal	cam	can	car	cas	cat	cau
dac	dal	dam	dan	dar	das	dat	dau
eb	el	em	en	er	es	et	eu
fac	fal	fam	fen	fer	fes	fet	fau
gac	gel	gam	gen	ger	ges	get	gau
hac	hal	ham	hen	her	hes	het	hau
jac	jal	jam	jen	jer	jes	jet	jau
kac	kal	kam	kan	kar	kas	kat	kau
lac	lal	lam	lan	ler	les	let	lau
mac	mal	mam	man	mer	mes	mat	mau
nac	nal	nam	nan	ner	nes	net	nau
oc	ol	om	on	or	os	ot	ou
pac	pal	pam	pan	par	pas	pat	pau
quac	qual	quam	quan	quor	quos	quat	quau
rac	ral	ram	ren	ror	ras	rat	rau
sac	sed	sam	sen	sr	sas	sat	sau
tac	taf	tam	ten	tr	tas	tat	tau
vac	vec	vic	voc	voc	ven	vaf	vau
xac	xec	xic	xoc	xom	xen	xaf	xau
yac	yec	yic	yoc	yom	yen	yaf	yau
zac	zec	zic	zoc	zom	zen	zaf	zau

Mots faciles à épeler.

Pa pa.	Chi en.	Cli mat.
Ma man.	Rat.	Dra gon.
Ton ton.	Bal lon.	Flam me.
Ta ta.	Bou le.	Gre lot.
Cou sin.	Pain.	Trom per
A mi.	Couteau.	Maison.
Pom me.	Bre bis.	Oi seau.

Mots accentués à épeler.

Gâ teau.	Mê me.	Vô tre.
Pâ té.	Paî tre.	Po ë me.
Père.	A pô tre.	Mo ï se.
Pâ tre.	Gî te	Sa ül.

Phrases à épeler.

J'ai-me mon pa-pa. Je se-rai bi-en sa-ge, et l'on m'ai-me-ra bi-en. J'i-rai me pro-me-ner tan-tôt, si le temps est beau.

Quand j'au-rai bi-en lu ma le-çon, on me don-ne-ra du bon-bon et des dra-gé-es que je man-ge-rai.

Les cou-teaux cou-pent; les é-pin-gles pi-quent; les chats é-gra-ti-gnent, le feu brû-le.

L'ORAISON
DOMINICALE.

No-tre : Pè-re : qui : ê-tes : aux : Ci-eux que : vo-tre : nom : soit : sanc-ti-fi-é que : vo-tre : Ro-yau-me : nous : ar-ri-ve que : vo-tre : vo-lon-té : soit : fai-te : en la : ter-re : com-me : au : Ci-el. : Don-nez-nous : au-jour-d'hui : no-tre : pain : quo-ti-di-en : et : par-don-nez-nous : nos of-fen-ses : com-me : nous : par-don-nons à : ceux : qui : nous : ont : of-fen-sés : et ne : nous : lais-sez : pas : suc-com-ber : à la : ten-ta-ti-on : mais : dé-li-vrez-nous du : mal. : Ain-si : soit-il.

La : sa-lu-ta-ti-on : An-gé-li-que.

Je : vous : sa-lu-e : Ma-ri-e : plei-ne de : grâ-ce : le : Sei-gneur : est : a-vec vous : vous : ê-tes : bé-ni-e : en-tre : tou-tes : les : fem-mes : et : Jé-sus : le : fruit de : vo-tre : ven-tre : est : bé-ni. : Sain-te

Ma-ri-e : Mè-re : de Di-eu : pri-ez pour : nous : pau-vres : pé-cheurs : main-te-nant : et : à : l'heu-re : de : no-tre mort. : Ain-si : soit-il.

Le : Sym-bo-le : des : A-pô-tres.

Je : crois : en : Di-eu : le : Pè-re : tout puis-sant : Cré-a-teur : du : Ci el : et de : la : ter-re : et : en : Jé-sus-Christ : son Fils : u-ni-que : no-tre : Sei-gneur : qui a : é-té : con-çu : du : Saint-Es-prit : est né : de : la : Vi-er-ge : Ma-ri-e : a : souf-fert : sous : Pon-ce : Pi-la-te : a : é-té cru-ci-fi-é : est : mort : et : a é-té : en-se-ve-li : qui : est : des-cen-du : aux en-fers : et : le : troi-si-è-me : jour : est res-sus-ci-té : d'en-tre : les : morts : est mon-té : aux : Ci-eux : et : est : as-sis : à la : droi-te : de : Di-eu : le : Pè-re : tout-puis-sant : d'où : il : vi-en-dra : ju-ger les : vi-vans : et : les : morts.

Je : crois : au : Saint-Es-prit : la Sain-te : E-gli-se : Ca-tho-li-que : la com-mu-ni-on : des : Saints : la : ré-mis-si-on : des péchés : la : ré-sur-rec-ti-on : de : la : chair : la : vi-e : é-ter-nel-le. : Ain-si : soit-il.

La : Con-fes-si-on : des : péchés.

Je : me : con-fes-se : à : Di-eu : tout-puis-sant : à : la : bi-en-heu-reu-se Ma-rie : tou-jours : Vier-ge : à : Saint Michel : Ar-change : à : Saint : Jean-Bap-tiste : aux : A-pô-tres : Saint : Pi-er-re : et : Saint : Paul : à : tous : les : Saints par-ce : que : j'ai : pé-ché par : pen-sé-es : par : pa-ro-les : et : en : œu-vres par : ma : fau-te : par : ma : fau-te : par ma : très : gran-de : fau-te. : C'est : pour-quoi : je : pri-e : la : bi-en-heu-reu-se : Ma-ri-e : tou-jours : Vi-er-ge : Saint : Mi-chel : Ar-chan-ge : Saint : Jean : Bap-tis-te : les A-pô-tres : Saint : Pi-er-re : et Saint : Paul : et : tous : les : Saints : de pri-er : pour : moi : en-vers : le : Sei-gneur : no-tre : Di-eu. : Ain-si : soit-il.

Que : le Di-eu : tout-puis-sant : nous fas-se : mi-sé-ri-corde : qu'il : nous par-don-ne : nos : pé-chés : et : nous con-dui-se : à la vi-e : é-ter-nel-le.

Ainsi : soit-il.

Que : le : Seigneur : tout-puis-sant et : mi-sé-ri-cor-di-eux : nous : don-ne : in-dul-gen-ce : ab-so-lu-ti-on : et ré-missi-on : de tous : nos : pé-chés. Ain-si : soit-il.

La : Bé-né-dic-ti on de : la : Ta-ble.

Bé-nis-sez : (ce : se-ra : le :Sei-gneur) que : la : droi-te : de : Jé-sus-Christ nous : bé-nis-se : a-vec : tou-tes : ces cho-ses : que : nous : de-vons : pren-dre pour : no-tre : ré-fec-ti-on. Au : nom du : Pè-re : et : du : Fils : et : du : Saint-Es-prit. Ain-si : soit-il.

Ac-ti-ons : de : grâ-ces : a-près : le Re-pas.

O Roi : ô : Di-eu : tout-puissant nous : vous : ren-dons : grâ-ces pour : tous : vos : bi-en-faits : qui : vi-vez et : ré-gnez : par : tous : les : si-è-cles des : si-è-cles. Ain-si soit-il.

Les : dix : Com-man-de-mens : de : Di-eu.

1. Un : seul : Di-eu : tu : a-do-re-ras
 Et : ai-me-ras : par-fai-te-ment.
2. Di-eu : en : vain : tu : ne : ju-re-ras
 Ni : au-tre : cho-se : pa-reil-le-ment.
 Les : Di-man-ches : tu : gar-de-ras

En : ser-vant : Di-eu : dé-vo-te-ment.
4. Pè-re : et : mè-re : ho-no-re-ras
A-fin : que : tu : vi-ves : lon-gue-ment.
5. Ho-mi-ci-de : ne : com-met-tras
De : fait : ni : vo-lon-tai-re-ment.
6. Lu-xu-ri-eux : point : ne : se-ras
De : corps : ni : de : con-sen-te-ment.
7. Le : bi-en : d'au-trui : tu : ne : pren-dras
Ni : re-ti-en-dras : in-jus-te-ment.
8. Faux : té-moi-gna-ge : ne : di-ras
Ni : men-ti-ras : au-cu-ne-ment.
9. L'œu-vre : de : chair : ne : dé-si-re-ras
Qu'en : ma-ri-a-ge : seu-le-ment.
10 Bi-ens : d'au-trui : ne : con-voi-te-ras
Pour : les : a-voir : in-jus-te-ment.

Les Com-man-de-mens : de : l'É-gli-se.

1. **L**es : Di-man-ches : la : Mes-se : ou-ï-ras : Et : les : Fê-tes : pa-reil-le-ment.
2. Les : Fê-tes : tu : sanc-ti-fi-e-ras
Qui : te : sont : de : com-man-de-ment.
3. Tous : tes : pé-chés : con-fes-se-ras
A : tout : le : moins : une : fois : l'an.
4. Et : ton : Cré-a-teur : tu : re-ce-vras,
Au : moins : à : Pâ-ques : hum-ble-ment.
5. Qua-tre : Temps : vi-gi-les : jeu-ne-ras

Et : le : Ca-rê-me : en : tiè-re-ment
Ven-dre-di : chair : ne : man-ge-ras
Ni : le : Sa-me-di : mê-me-ment.

LES SEPT PSAUMES
DE
LA PÉNITENCE.

PSAUME 6.

Sei-gneur : ne : me : re-pre-nez : point dans : vo-tre : fu-reur : et : ne : me cor-ri-gez : point : dans : le : fort : de vo-tre : co-lè-re.

A-yez : pi-ti-é : de : moi : Sei-gneur puis-que : je : suis : fai-ble : Sei-gneur gué-ris-sez-moi : car : le : mal : qui : me ron-ge : a : pas-sé : dans : mes : os : qui en : sont : tout : é-bran-lés.

Mon : â-me : est : a-bat-tue : de : tris-tes-se : mais : vous : Sei-gneur : jus-ques à : quand : dif-fè-re-rez-vous : ma : gué-ri-son.

Tour-nez : vos : yeux : sur : moi :

Sei-gneur : et : sau-vez : mon : â-me
de : tous : dan-gers : dé-li-vrez-moi
par : vo-tre : gran-de : bon-té : et : mi-
sé-ri-cor-de.

Car : on : ne : se : sou-vi-ent : point
de : vous : par-mi : les : morts : et : qui
se-ra : ca-pa-ble : de : cé-lé-brer : vos
lou-an-ges : dans : les : en-fers ?

Je : me : suis : tour-men-té : jus-ques
à : ce : point : dans : mes : gé-mis-se-mens
que : tou-tes : les : nuits : mon : lit : est
bai-gné : et : ma : cou-che : est : ar-ro-
sé-e : de : mes : lar-mes.

Les : dou-leurs : m'ont : fait : pleu-
rer : si : a-mè-re-ment : que : j'en
perds : les : yeux : je : me : suis : vi-eil-li
par : le : cha-grin, de : voir : mes : en-
ne-mis : se : ri-re : de : mon : tour-ment.

Mais : re-ti-rez-vous : de : moi : vous
qui : per-sis-tez : tou-jours : dans : vo-tre
mé-chan-ce-té : car : Di-eu : a : en-ten-
du : fa-vo-ra-ble-ment : la : voix : de
mes : pleurs.

Le : Sei-gneur : a : e-xau-cé : ma
pri-è-re : le : Sei-gneur : a- : reçu : mon
o-rai-son.

Que : tous : mes : en-ne-mis : en : rou-gis-sent : de : hon-te : et : soient : at-teints : d'une : a-gi-ta-ti-on : vi-o-len-te qu'ils : s'en : re-tour-nent : cou-verts de : con-fu-si-on : et : de : hon-te.

Gloi-re : soit : au : Pè-re.

PSAUME 31.

Bi-en-heu-reux : sont : ceux : à : qui les : i-ni-qui-tés : sont : par-don-né-es et : dont : les : pé-chés : sont : cou-verts.

Bi-en-heu-reux : est : l'hom-me : à qui : Di-eu : n'im-pu-te : point : sa : fau-te : a-près : l'a-voir : com-mi-se : et : qui n'a : point : de : dé-gui-se-ment : dans son : es-prit.

Par-ce : que : j'ai : gar-dé : mon : mal se-crè-te-ment : mes : os : com-me : en-vi-eil-lis : ont : per-du : leur : for-ce par-mi : les : cris : que : j'ai : je-tés.

Vo-tre : main : s'est : ap-pe-san-ti-e sur : moi : tant : que : le : jour : et : la nuit : ont : du-ré : la : dou-leur : qui me : con-su-me : m'a : des-sé-ché : com-me : l'her-be : du-rant : les : cha-leurs de : l'é-té.

C'est pour-quoi je vous ai li-bre-ment dé-cla-ré mon of-fen-se et je ne vous ai point te-nu mon i-ni-qui-té ca-ché-e.

Dès que j'ai dit : il faut que je con-fes-se con-tre moi-mê-me mon péché au Sei-gneur vous a-vez re-mis l'im-pi-é-té de ma fau-te.

Ce qui ser-vi-ra d'un e-xem-ple mé-mo-ra-ble à tous les jus-tes pour vous a-dres-ser leurs pri-è-res en temps de mi-sé-ri-cor-de.

Et cer-tes quand un dé-lu-ge de maux i-non-de-rait tou-te la ter-re ils n'en pour-raient être au-cu-ne-ment tou-chés.

Vous ê-tes mon a-si-le con-tre tou-tes les ad-ver-si-tés qui m'en-vi-ron-nent vous qui ê-tes ma joie dé-li-vrez-moi des en-ne-mis dont je suis as-si-é-gé.

Je vous don-ne-rai un es-prit clair-vo-yant et vous en-sei-gne-rai le che-min que vous de-vez te-nir j'ar-rê-te-rai mes yeux veil-lant à vo-tre con-dui-te.

Tou-te-fois : ne : de-ve-nez : point sem-bla-ble : au : che-val : et : au : mu-let : qui : n'ont : point : d'en-ten-de-ment.

Vous : leur : don-ne-rez : le : mors : et la : bri-de : pour : les : em-pê-cher : de mor-dre : et : de : ru-er : con-tre : vous.

Plu-si-eurs : ma-lé-dic-ti-ons : se : ré-pan-dront : sur : les : pé-cheurs : mais la : mi-sé-ri-cor-de : se-ra : le : par-ta-ge : de : ceux : qui : met-tent : leur : es-pé-ran-ce : au : Sei-gneur.

Ré-jou-is-sez-vous : donc : au : Sei-gneur : hom-mes : jus-tes : et : vous : tous qui : ê-tes : nets : de : cœur : so-yez trans-por-tés : de : joie.

Gloi-re : soit : au : Pè-re : etc.

PSAUME 37.

Sei-gneur : ne : me : re-pre-nez : point dans : vo-tre : fu-reur : et : ne : me cor-ri-gez : point : dans : le : fort : de vo-tre : co-lè-re.

J'ai : dé-jà : sen-ti : les : traits : pi-quans : de : vo-tre : in-di-gna-ti-on : que vous : avez : dé-co-chés : con-tre : moi et : sur : qui : vous : a-vez : ap-pe san-ti vo-tre : main.

Ma : chair : tou-te : cou-ver-te : d'ul-cè-res : é-prou-ve : bi-en : les : ef-fets : de : vo-tre : co-lè-re : et : à : cau-se : de : mes : pé-chés : mes : os : ne : re-çoi-vent : au-cun : re-pos.

Car : il : est : vrai : que : mes : i-ni-qui-tés : me : noi-ent : et : se : sont : é-le-vé-es : par-des-sus : ma : tê-te : el-les : m'ac-ca-blent : sous : leur : faix.

Mes : ci-ca-tri-ces : se : sont : en-vi-eil-li-es : et : ont : dé-gé-né-ré : par : ma : fo-li-e : en : u-ne : cor-rup-ti-on : sans : re-mè-de.

É-tant : ain-si : de-ve-nu : mi-sé-ra-ble : et : cour-bé : sous : les : en-nuis : je : che-mi-ne : tout : le : jour : a-vec : une : gran-de : tris-tes-se.

Mes : reins : pleins : d'u-ne : ar-deur : ex-ces-si-ve : me : cau-sent : d'é-tran-ges : il-lu-si-ons : et : je : n'ai : au-cu-ne : par-ti-e : de : mon : corps : où : je : ne : souf-fre.

Je : suis : si : fort : af-fli-gé : et : a-bais-sé : qu'au : li-eu : de : plain-tes : mon : cœur : n'ex-pri-me : sa : dou-leur : que : par : des : hur-le-mens.

Sei-gneur : vo-yez : tou-tes : mes in-ten-ti-ons : mes : pleurs : ni : mes gé-mis-se-mens : ne : vous : sont : point ca-chés.

Mon : cou-ra-ge : s'é-ton-ne : je : n'ai plus : de : for-ce : ni : de : vi-gueur : et mes : yeux : qui : sont : a-veu-glés : de mes : lar-mes : n'a-per-çoi-vent : plus la : clar-té.

Mes : a-mis : et : mes : pro-ches : se sont : é-loi-gnés : de : moi : me : vo-yant ré-duit : en : ce : pi-teux : é-tat.

Mes : voi-sins : s'en : sont : re-ti-rés aus-si : et : ceux : qui : cher-chent : à m'ô-ter : la : vi-e : y : em-ploi-ent : des vi-o-len-ces.

Ils : n'é-pi-ent : que : les : oc-ca-si-ons de : me : nui-re : et : ti-en-nent : de mau-vais : dis-cours : de : moi : ils : pas-sent : les : jours : à : cher-cher : ma rui-ne.

Né-an-moins : com-me : si : j'eus-se é-té : sourd : je : ne : les : ai : point : é-cou-tés : com-me : si : j'eus-se : é-té mu-et : je : n'ai : ou-vert : la : bou-che pour : leur : ré-pon-dre.

J'ai bou-ché mes o-reil-les à tous leurs re-pro-ches et ma lan-gue n'a point eu de la pei-ne à re-pous-ser leurs in-jures.

Par-ce qu'en vous Seigneur j'ai mis tou-te mon es-pé-ran-ce Sei-gneur mon Di-eu vous ex-au-ce-rez s'il vous plaît ma pri-è-re.

Je vous pri-e que mes en-ne-mis ne se glo-ri-fient de mes mi-sè-res ni que dès le mo-ment que je fais un faux pas ils se dres-sent con-tre moi pour me fai-re tomber.

Je suis pour-tant dis-po-sé à souf-frir tou-jours la per-sé-cu-ti-on et la dou-leur que j'ai mé-ri-té-e se pré-sen-te con-ti-nu-el-le-ment à mes yeux.

Car j'a-vou-e que j'ai com-mis de gran-des ini-qui-tés et je ne pro-po-se à ma pen-sé-e jour et nuit que l'ob-jet de mon cri-me.

Ce-pendant mes en-ne-mis vi-vent con-tens ils se for-ti-fient con-tre moi et leur nom-bre aug-men-te tous les jours.

Ceux : qui : ren-dent : le : mal : pour le : bi-en : m'ont : é-té : con-trai-res par-ce : que : j'ai-me : la : paix : et : la dou-ceur.

Sei-gneur : ne : m'a-ban-don-nez point : dans : mon : pé-ché : mon : Dieu ne : vous : é-loi-gnez : point : de : moi.

Ve-nez : promp-te-ment : à : mon se-cours : mon : Sei-gneur : et : mon Dieu : puis-que : vous : ê-tes : mon : sa-lut.

Gloire : soit : au : père : etc.

PSAUME 30.

Mon : Di-eu : a-yez : pi-ti-é : de : moi se-lon : vo-tre : gran-de : mi-sé-ri-cor-de.

Et : se-lon : la : mul-ti-tu-de : de : vos bon-tés : ef-fa-cez : mon : i-ni-qui-té.

Ver-sez : a-bon-dam-ment : sur : moi de : quoi : me : la-ver : de : mes : fau-tes net-to-yez : moi : de : mon : pé-ché.

Je : re-con-nais : mes : of-fen-ses : et mon : cri-me : est : tou-jours : con-tre moi.

Con-tre : vous : seul : j'ai : pé-ché : et j'ai : com-mis : de-vant : vos : yeux : tout

le : mal : dont : je : me : sens : cou-pa-ble
so-yez : re-con-nu : vé-ri-ta-ble : en
vos : pro-mes-ses : de-meu-rez : vic-to-
ri-eux : quand : vous : pro-non-cez : vos
ju-ge-mens.

J'ai : é-té : souil-lé : de : vi-ces : dès
l'ins-tant : de : ma : for-ma-ti-on : et : ma
mè-re : m'a : con-çu : en : pé-ché.

Mais : pour-tant : com-me : vous : a-
vez : tou-jours : ai-mé : la : vé-ri-té
aus-si : vous : a-t-il : plu : de : me : ré-
vé-ler : les : mys-tè-res : se-crets : de
vo-tre : di-vi-ne : sa-ges-se.

Ar-ro-sez-moi : de : l'hy-so-pe : et
je : se-rai : net-to-yé : la-vez-moi : et
je : de-vi-en-drai : plus : blanc : que : n'est
la : nei-ge.

Fai-tes-moi : en-ten-dre : la : voix
in-té-ri-eu-re : de : vo-tre : Saint-Es-prit
qui : me : com-ble-ra : de : joie : et : el-le
i-ra : jus-que : dans : mes : os : af-fai-blis
par : le : tra-vail.

Dé-tour-nez : vos : yeux : de : mes
pé-chés : et : ef-fa-cez : les : ta-ches : de
mes : ini-qui-tés.

Mon : Dieu : met-tez : un : cœur : net

dans : mon : sein : re-nou-ve-lez : dans mes : en-trail-les : l'es-prit : d'in-no-cen-ce.

Ne : me : con-dam-nez : point : à : de-meu-rer : é-loi-gné : de : vo-tre : pré-sen-ce : ne : re-ti-rez : point : de : moi vo-tre : Saint-Es-prit.

Ren-dez : à : mon : â-me : la : joie qu'el-le : re-ce-vra : dès : que : vous se-rez : son : sa-lut : et : as-su-rez : si bi-en : vos : for-ces : par : vo-tre : Es-prit : que : je : ne : tremble : plus.

J'en-sei-gne-rai : vos : voies : aux mé-chans : et : fe-rai : aux : im-pi-es con-ver-tis : mi-sé-ri-cor-de.

O : mon : Di-eu : le : Di-eu : de : mon sa-lut : pur-gez-moi : du : cri-me d'ho-mi-ci-de : et : ma : lan-gue : s'es-ti-me-ra : heu-reu-se : de : ra-con-ter les : mi-ra-cles : de : vo-tre : jus-ti-ce.

Sei-gneur : ou-vrez : s'il : vous : plaît mes : lè-vres : et : ma : bou-che : aus-si-tôt : an-non-ce-ra : vos : lou-an-ges.

Car : si : vous : eus-si-ez : vou-lu : des sa-cri-fi-ces : j'eus-se : te-nu : à : l'hon-neur : d'en : char-ger : vos : Au-tels mais : je : sais : bi-en : que : les : ho-lo-

2.

caus-tes : ne : peu-vent a- : pai-ser : vo-tre : cour-roux.

Un : es-prit : af-fli-gé : du : re-gret de : ses : pé-chés : est : le : sa-cri-fi-ce a-gré-a-ble : à : Di-eu : vous : ne : mé-pri-se-rez : point : un : cœur con-trit : et hu-mi-li-é.

Sei-gneur : fa-vo-ri-sez : la : vil-le de : Si-on : sui-vant : vo-tre : bon-té ac-cou-tu-mé-e : per-met-tez : que : les mu-rail-les : de : Jé-ru-sa-lem : soient re-le-vé-es.

A-lors : vous : a-gré-e-rez : les : sa-cri-fi-ces : de : jus-ti-ce : vous : ac-cep-te-rez : nos : o-bla-ti-ons : et : nos : ho-lo-caus-tes : et : l'on : of-fri-ra : des veaux : sur : vos : Au-tels.

Gloi-re : soit : au : Pè-re : etc.

PSAUME 101.

Sei-gneur : e-xau-cez : ma : pri-è-re et : ne : per-met-tez : pas : que : mon cri-me : ail-le : jus-qu'à : vous.

Ne : dé-tour-nez : point : vo-tre : vi-sa-ge : de : des-sus : ma : mi-sè-re : mais prê-tez : l'o-reil-le : à : ma : voix : quand je : suis : en : af-flic-ti-on.

En : quel-que : temps : que : je : vous in-vo-que : e-xau-cez-moi : promp-te-ment

Par-ce : que : mes : jours : s'é-cou-lent : comme : la : fu-mé-e : et : mes os : se : con-su-ment : com-me : un : ti-son : dans : le : feu.

Mon : cœur : ou-tré : de : tris-tes-se me : fait : res-sembler : à : cet-te : her-be cou-pé-e : qui : est : sans : vi-gueur : et mon : â-me : est : si : af-fli-gé-e : que je : m'ou-bli-e : de : man-ger : mon : pain.

A : for-ce : de : me : plain-dre : et de : sou-pi-rer : mes : os : ti-en-nent : à ma : peau.

Je : res-sem-ble : au : pé-li-can : dans le : dé-sert : ou : à : la : chou-et-te : en-ne-mi-e : de : la : lu-mi-è-re : qui : se ti-ent : dans : les : trous : d'une : mai-son.

Je : ne : re-po-se : point : tou-tes : les nuits : je : de-meu-re : so-li-tai-re : com-me : le : pas-se-reau : dans : son : nid.

Mes : en-ne-mis : me : font : des re-pro-ches : tout : le : long : de : la jour-né-e : et : ceux : qui : m'ont don-né : des : lou-an-ges : se : sont ef-for-cés : de : me : dés-ho-no-rer.

Vo-yant : que : je : man-geais : de la : cen-dre : au : li-eu : de : pain : et : que je : mé-lais : mon : breu-va-ge : a-vec l'eau : de : mes : pleurs.

De-vant : la : pré-sen-ce : de : vo-tre co-lè-re : et : de : vo-tre : in-di-gna-ti-on puis-que : a-près : m'a-voir : é-le-vé vous : m'a-vez : si : fort : a-bat-tu.

Mes : jours : sont : com-me : l'om-bre du : soir : qui : s'obs-cur-cit : et : s'al-lon-ge : la : nuit : s'ap-pro-chant : le cha-grin : me : fait : sé-cher : com-me le : foin.

Mais : vous : Sei-gneur : qui : de-meu-rez : é-ter-nel-le-ment : la : mé-moi-re de : vo-tre : nom : se-ra : im-mor-tel-le pas-sant : de : gé-né-ra-ti-on : en : gé-né-ra-ti-on.

Tour-nez : vos : re-gards : sur : Si-on quand : vous : re-vi-en-drez : de : vo-tre som-meil : pre-nez : pi-ti-é : de : ses mi-sè-res : puis-qu'il : est : temps : de lui : par-don-ner.

Il : est : vrai : que : ces : pi-er-res sont : tel-le-ment : chè-res : à : vos : ser-vi-teurs : qu'ils : ont : re-gret : de : voir u-ne : si : bel-le : vil-le : dé-trui-te.

A-lors : Sei-gneur : vo-tre : nom : se-ra : re-dou-té : par : tou-tes : les : na-ti-ons : et : vo-tre : gloi-re : é-pou-van-te-ra : tous : les : Rois : de : la : ter-re.

Quand : on : sau-ra : que : vous : a-vez re-bâ-ti : Si-on : où : le : Sei-gneur : pa-raî-tra : dans : sa : gloi-re.

Il : re-gar-de-ra : fa-vo-ra-ble-ment la : pri-è-re : des : hum-bles : et : ne ti-en-dra : point : leur : sup-pli-ca-ti-on di-gne : de : mé-pris.

Tou-tes : ces : cho-ses : se-ront : con-si-gné-es : dans : l'his-toi-re : pour : l'ins-truc-ti-on : de : la : pos-té-ri-té : qui : en don-ne-ra : des : lou-an-ges : au : Seigneur.

Il : re-gar-de : i-ci : bas : du : saint lieu : où : son : trô-ne : est : é-le-vé : et du : Ci-el : où : il : ré-si-de : il : jet-te ses : yeux : sur : la : ter-re.

Pour : en-ten-dre : les : cris : de ceux : qui : sont : dans : les : fers : et pour : rom-pre : les : chaî-nes : de : ceux qui : sont : con-dam-nés : à : la : mort.

A-fin : que : le : nom : du : Sei-gneur

soit : ho-no-ré : dans : Si-on : et : que sa : lou-an-ge : soit : chan-té-e : en : Jé-ru-sa-lem.

Quand : tous : les : peu-ples : s'as-sem-ble-ront : que : les : Ro-yau-mes : s'u-ni-sont : pour : le : ser-vir : et : pour : a-do-rer : son : pou-voir.

Mais : je : sens : qu'il : a-bat : mes for-ces par : la : lon-gueur : du : chemin : il : a di-mi-nu-é : le nom-bre : de : mes : jours :

C'est : pour-quoi : je : m'-adres-se : à mon : Dieu : et : j'ai : dit : Seigneur : ne m'ôtez : pas : du : mon-de : au : mi-li-eu de : ma : vi-e : vos : an-né-es : ne fi-ni-ront : ja-mais.

Car : c'est : vous : qui : dès : le : com-men-ce-ment : a-vez : me-su-ré : les : fon-'de-mens : de la : terre : et : les : ci-eux sont : les : œu-vres : de : vos : mains.

Mais : ils : pé-ri-ront : et : il : n'y au-ra : que : vous : seul : de : per-ma-nent et : tou-tes : ces : chos-es : vi-eil-li-ront com-me : le : vê-te-ment.

Et : vous : les : chan-ge-rez : com-me un : man-teau : ou : com-me : un : pa-vil-lon : et : vous : se-rez : tou-jours le mê-me : que : vous : a-vez : é-té : sans que : vos : an-né-es : pren-nent : ja-mais de : fin.

Tou-te-fois : les : en-fans : de : vos ser-vi-teurs : au-ront : u-ne : de-meu-re as-su-ré-e : et : ceux : qui : naî-tront d'eux : jou-i-ront : en : vo-tre : pré-sen-ce : d'u-ne : gran-de : fé-li-ci-té.

Gloi-re : soit : au : Pè-re : etc.

PSAUME 129.

SEI-GNEUR : je : me : suis : é-cri-é : vers vous : du : plus : pro-fond : a-bî-me de : mes : en-nuis : Sei-gneur : é-cou-tez ma : voix.

Ren-dez : s'il : vous : plaît : vos : o-reil-les : at-ten-ti-ves : aux : tris-tes ac-cens : de : mes : plain-tes.

Sei-gneur : si : vous : e-xa-mi-niez : de près : nos : of-fen-ses : qui : est-ce : qui pour-ra : sou-te-nir : les : ef-forts : de vo-tre : co-lè-re ?

Mais : la : clé-men-ce : et : le : par-don se : trou-vent : chez : vous : ce : qui est : cau-se : que : vous : ê-tes : craint et : ré-vé-ré : et : j'at-tends : l'ef-fet : de vos : pro-mes-ses.

Mon âme s'étant assurée sur votre parole a mis toutes ses espérances en Dieu.

Ainsi depuis la garde assise dès l'aube du jour jusqu'à la sentinelle de la nuit Israël espère toujours au Seigneur.

Car il y a dans le Seigneur une plénitude de miséricorde et une abondance de grâces pour nous racheter.

Et c'est lui-même qui rachètera son peuple de tous ses péchés. Gloire etc.

PSAUME 142.

Seigneur exaucez ma prière prêtez l'oreille à mon oraison entendez-moi selon votre justice.

N'entrez point en jugement avec votre serviteur car aucun ne se peut jamais justifier devant vous.

L'ennemi qui m'a persécuté sans me donner un moment de relâche m'a presque réduit à expi-rer : en : mor-dant : la : pous-si-è-re.

Il : m'a : jeté : dans : l'hor-reur : des té-nè-bres : com-me : si : j'é-tais : dé-jà mort : au : mon-de : de : quoi : mon : es-prit : se : trou-ve : a-gi-té : par : beau-coup : d'in-qui-é-tu-des : et : mon : cœur se : con-su-me : de : dou-leur.

Mais : je : me : suis : con-so-lé : par le : sou-ve-nir : des : temps : pas-sés : dis-cou-rant : en : mon : es-prit : de : vos ac-ti-ons : mer-veil-leu-ses : en : fa-veur de : nos : pè-res : et : mé-di-tant : sur les : ou-vra-ges : de : vos : mains.

Je : vous : tends : les : mi-en-nes : et mon : â-me : vous : dé-si-re : a-vec : au-tant : d'im-pa-ti-en-ce : que : la : terre sè-che : at-tend : de : l'eau.

Sei-gneur : e-xau-cez-moi : donc promp-te-ment : car : mes : for-ces : me quit-tent : et : mon : es-prit : est : dé-jà sur : le : bord : de : mes : lè-vres.

Ne : dé-tour-nez : point : de : moi vo-tre : vi-sa-ge : a-fin : que : je : ne de-vi-en-ne : point : sem-bla-ble : à : ceux qui : des-cen-dent : dans : l'a-bî-me.

Gloi-re : soit : au : Pè-re : etc.

LES VEPRES
DU DIMANCHE.

PSAUME 109.

Le Seigneur a dit à mon Seigneur : Soyez assis à ma droite.

Tandis que, terrassant vos ennemis, je les ferai servir d'escabeau à vos pieds.

Le Seigneur fera sortir de Sion le sceptre de votre puissance, pour étendre votre empire au milieu des nations qui vous sont ennemies.

Votre peuple se rangera auprès de vous au jour de votre force, étant revêtu de la splendeur de vos Saints dès le moment de votre naissance qui paraîtra au monde comme la rosée de l'aurore.

Le Seigneur a juré, et il ne se rétractera point : Vous êtes, dit-il,

Prêtre éternellement, selon l'ordre de Melchisédech.

Le Dieu tout-puissant, qui est à vos côtés, brisera l'orgueil des Rois au jour de sa fureur.

Il exercera sa justice sur toutes les nations, il couvrira les champs de corps morts, et cassera la tête à plusieurs mutins qui sont sur la terre.

Il boira en chemin des eaux du torrent, et par-là il s'élèvera dans la gloire. Gloire soit, etc.

PSAUME 110.

Seigneur, je confesserai vos louanges de tout mon cœur, les publiant en l'assemblée des justes, et en la congrégation des fidèles.

Les ouvrages du Seigneur sont grands, et ceux qui les considèrent ne se peuvent lasser de les admirer.

La gloire et la magnificence paraissent dans les ouvrages de ses mains ; sa justice demeure inviolable pendant l'éternité.

Il nous fait célébrer la mémoire de ses merveilles, le bon et miséricordieux

Seigneur qu'il est; il nourrit ceux qui le servent avec crainte.

Il n'y a point de siècles ni de durée qui lui fassent perdre le souvenir de son alliance; il fera paraître à son peuple la vertu de ses exploits.

Il augmentera son héritage par le bien des nations infidèles ; et l'on verra par les ouvrages de ses mains la vérité de ses promesses, et l'infaillibilité de ses jugemens.

Rien ne pourra jamais ébranler la force de ses lois, fondées sur la durée de l'éternité, composées selon les règles de la vérité et de la justice.

Il lui a plu d'envoyer la rédemption à son peuple, et de faire avec lui une alliance qui demeurera toujours.

Son nom saint et redoutable nous fait assez voir que le commencement de la sagesse est la crainte du Seigneur.

En effet, il n'y a que des personnes bien avisées qui observent ses préceptes, et leurs louanges subsisteront durant toute l'éternité.

Gloire soit au Père, etc.

PSAUME III.

Heureux est l'homme qui sert le Seigneur avec crainte : il ne trouve point de plaisir qui égale celui d'exécuter ses commandemens.

Sa postérité sera puissante sur la terre, la race des justes sera comblée de bénédictions.

La gloire et les richesses rendront sa maison florissante, et son nom subsistera éternellement.

Ainsi la lumière se répand sur les bons parmi les ténèbres, parce que le Seigneur est pitoyable et miséricordieux.

L'homme qui est sensible aux afflictions de son prochain, l'assistant selon sa commodité, est heureux ; qui, dis-je, règle ses paroles et ses actions sur les préceptes de la justice, ne tombera jamais.

Sa mémoire sera immortelle, et il ne craindra point que les langues médisantes déshonorent sa réputation.

Son cœur est disposé à mettre toute sa confiance au Seigneur, sans avoir aucune pensée de l'en détourner jamais ;

il ne craint rien, et il attend avec constance la déroute de ses ennemis.

Et parce que dans la distribution de ses biens il en a usé libéralement envers les nécessiteux, sa justice demeurera éternellement, et sa puissance sera honorée de tout le monde.

Les méchans voyant cela, crèveront de dépit et de rage, ils en grinceront les dents, ils en sècheront de colère ; mais ils seront frustrés en leur attente, car les désirs des méchans périront.

Gloire soit au Père, etc.

PSAUME 112.

ENFANS, qui êtes appelés au service du Seigneur, louez son Nom.

Que le nom du Seigneur soit béni dès à présent et pendant toute l'éternité.

Car depuis le Soleil levant jusqu'au point qu'il se couche, le nom du Seigneur mérite des louanges.

Le Seigneur est exalté par-dessus toutes les nations, sa gloire est élevée par-dessus les cieux.

Qui est-ce donc qui peut entrer en

comparaison avec le Seigneur notre Dieu, qui demeure là-haut, et qui s'abaisse toutefois jusqu'à considérer les choses qui sont dans le Ciel et sur la terre ?

Il relève les misérables de la poussière et retire les pauvres de la fange.

Pour les établir dans les charges honorables, pour leur faire part du gouvernement des affaires avec les Princes de son peuple

Qui rend féconde la femme stérile, et la rend joyeuse en la faisant mère de plusieurs enfans. Gloire soit, etc.

PSAUME 113.

En cette mémorable sortie que fit Israël hors d'Egypte, après que la maison de Jacob fut délivrée de la captivité où elle était réduite chez un peuple barbare.

Dieu choisit la Judée pour y dresser son Sanctuaire, et pour établir son empire en Israël.

La mer vit cette haute entreprise, et prit la fuite; et le Jourdain arrêtant ses eaux, les fit remonter du côté de sa source.

Les montagnes ont sauté comme des béliers, et les collines ont tressailli de joie dans la plaine, comme de petits agneaux auprès de leurs mères.

Mais dites-nous, grande mer, qui est-ce qui vous épouvanta si fort que vous vous retirâtes en fuyant? Et vous, fleuve du Jourdain, qui vous fit retourner en arrière?

Vous, montagnes, pourquoi bondissiez-vous comme les agneaux auprès de leurs mères?

Le Seigneur s'est souvenu de nous et nous a donné sa bénédiction.

Gloire soit au Père, etc.

LEÇONS
D'HISTOIRE NATURELLE.

LE LION.

Le Lion, par sa majesté, sa fierté, sa force, mérite la qualité qu'on lui donne de *Roi des animaux.* Sa patrie est l'Asie ou l'Afrique. Une longue et rude crinière, qui devient plus belle avec l'âge, ombrage sa tête superbe. Sa queue, longue d'environ quatre pieds, lui sert à terrasser et à briser l'ennemi qu'il veut atteindre. Un rugissement sourd est sa voix ordinaire : il est effrayant.

La durée de la vie du Lion est d'environ vingt-cinq ans. Sa nourriture dans les forêts sont les gazelles et les singes. Il les attend plus souvent qu'il ne les poursuit, quoique son agilité soit égale à sa force. Un bon repas lui suffit pour trois jours, mais il boit toutes les fois qu'il trouve de l'eau. La Lionne met bas au printemps, et ne produit qu'une fois l'année.

Le Lion, pris jeune, peut s'apprivoiser et même s'attacher à ceux qui le soignent.

LE TIGRE.

Le Tigre n'est pas aussi fort que le Lion, mais il est plus à craindre, parce qu'il est plus féroce, Rassasié ou à jeun, il ne quitte une proie que pour en égorger une autre. Le naturel du Tigre est indomptable. Son rugissement est sourd et comme engouffré. On peut s'en faire une idée par le grondement du chat lorsqu'il tient sa proie.

LE LOUP.

Le Loup serait redoutable s'il avait autant de courage que de force, mais il faut que la faim le presse pour qu'il s'expose au danger. Cet animal carnassier vit de chasse et de rapine; comme il est lourd et poltron, la plupart des animaux qu'il poursuit lui échappent. Le besoin seul lui inspire des ruses; lorsqu'elles ne réussissent pas, il meurt de faim.

LE RENARD.

Le Renard est fameux par ses ruses, et mérite en partie sa réputation habile à saisir toutes les occasions, il s'introduit dans les poulaillers ou les basses-cours, y met tout à mort, et se retire ensuite lestement en emportant sa proie.

LA GIRAFE.

La Girafe est un animal fort beau et très-doux. Il est trois fois plus haut qu'un cheval. Il a le cou et les jambes de devant très-longs : aussi paraît-il fait plutôt pour manger les feuilles des arbres que l'herbe de la terre. Il est originaire de l'Afrique.

L'ÉLÉPHANT.

L'Éléphant surpasse en grosseur tous les quadrupèdes connus. Sa tête est monstrueuse, ses oreilles sont longues, larges et épaisses. Son nez, qu'on appelle trompe, est une espèce de tuyau flexible et assez long pour toucher à terre. Sa mâchoire supérieure est garnie de longues dents d'où l'on tire l'ivoire. Il est très-susceptible d'affection et de docilité.

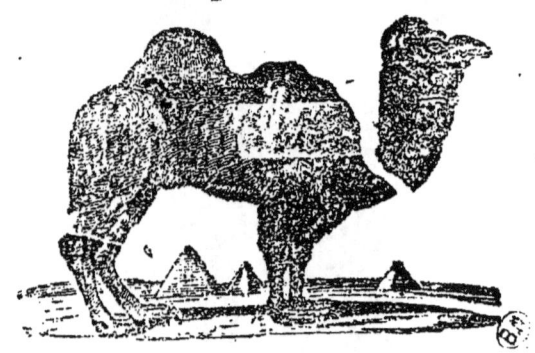

LE CHAMEAU.

Le Chameau se trouve en Asie et en Afrique. Il a une bosse sur le dos, et cinq estomacs. Sans le secours de cet animal, aussi sobre que vigoureux il eût été impossible de traverser ces immenses solitudes où le voyageur ne trouve que des sables brûlans. Il porte jusqu'à douze cents livres pesant, et peut rester plusieurs jours sans boire ni manger.

LE CHEVAL.

Le Cheval est celui de tous les animaux qui a le plus de proportion et d'élégance dans les parties du corps. En comparant ceux qui sont au-dessus et au-dessous de lui, on on verra que l'âne est mal fait, que le lion a la tête trop grosse, que le chameau est difforme, et que le rhinocéros et l'éléphant ne sont, pour ainsi dire, que des masses informes.

LE BŒUF.

Le Bœuf par la lenteur de son mouvement, le peu de hauteur de ses jambes, tout, jusqu'à sa tranquillité et sa patience dans le travail, semble concourir à le rendre propre à la culture des champs. Il est pour l'homme un des plus précieux animaux.

LE CERF.

Le Cerf est un de ces animaux innocens, doux et tranquilles, qui ne semolent être faits que pour animer la solitude des forêts. Sa forme élégante et légère, sa taille aussi svelte que bien prise, ses membres flexibles et nerveux, sa tête parée plutôt qu'armée d'un bois qui se renouvelle tous les ans, sa grandeur, sa légèreté, sa force, le distinguent sur tous les autres habitans des bois

L'OURS.

L'Ours est non-seulement sauvage, mais solitaire. Les lieux inhabités sont les seuls où il se trouve à son aise. Il se retire dans des cavernes et dans des arbres creux. Il a les oreilles courtes et le poil fort touffu. En l'apprivoisant, on lui apprend à se tenir debout, à gesticuler et à danser.

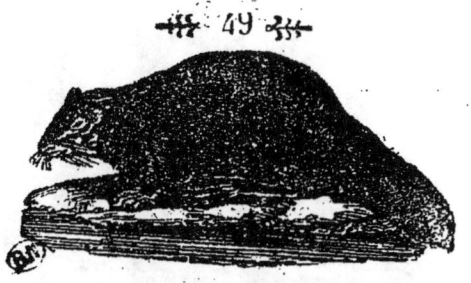

LE CASTOR.

Le Castor habite le voisinage des eaux, et vit de poissons, d'écrevisses et d'écorce d'arbres. Ses pieds de derrière ont, au lieu de doigts, une forte membrane qui en fait des nageoires. Sa queue est très-épaisse, et couverte d'écailles. Les Castors construisent des cabanes fort propres; ils y portent des provisions, et y passent l'hiver.

LE VAUTOUR

Le Vautour est un oiseau de proie. Son caractère féroce et carnassier se reconnaît à la forme de ses ongles acérés. Il fait son nid dans les lieux solitaires, poursuit sa proie au vol et à la course, et se nourrit de sang et de carnage.

LE CYGNE.

Le Cygne est d'une blancheur éclatante, et son bec est d'un beau noir. Il fait l'ornement de nos bassins et de nos canaux, où il se promène majestueusement en allongeant et retirant son cou, qui forme de longs replis. Le Cygne vit long-temps. Les anciens ont beaucoup vanté le chant qu'il fait entendre au moment de sa mort; cependant son cri n'a rien d'agréable.

LE COQ.   LA POULE.

Le Coq a la contenance fière, la démarche grave le naturel hardi, courageux, le tempérament chaud, vigoureux. Son chant est l'horloge de la campagne le jour et la nuit.

La Poule est sa femelle. Elle pond tous les jours une grande partie de l'année. Elle a pour ses petits tous les soins et la tendresse d'une bonne mère.

LE PAON.

Le Paon joint à l'élégance de sa taille et à la richesse de son plumage, une démarche grave et majestueuse. Fier de sa brillante parure, il porte sa tête avec dignité, et, lorsqu'il voit les yeux tournés sur lui, il semble enfler d'orgueil. C'est alors qu'il étale avec pompe, en forme d'éventail, les plumes de sa queue, dont les compartimens d'or et d'azur, les yeux, les nuances frappées des rayons du soleil, font un spectacle éblouissant; mais son cri triste et désagréable fait oublier la beauté de ses plumes.

LE PAPILLON.

Qui croirait que la plus laide chenille devient souvent un joli Papillon? C'est la nature qui lui fait subir cette métamorphose. On voit des Papillons qui brillent des plus vives couleurs.

PETITES PIECES DE LECTURE.

L'Agriculture.

On pourrait absolument se passer de certaines connaissances, qu'on ne recherche que pour l'ornement de l'esprit; mais l'Agriculture en est une nécessaire, puisqu'elle enseigne à faire produire à la terre les grains, les fruits et les légumes. C'est aussi par les soins de l'Agriculture que nous avons des arbres assez forts pour construire des maisons, et pour d'autres usages.

L'Architecture.

Si l'on veut bâtir solidement une maison, la rendre commode et l'orner avec goût, il faut se rendre familières les règles de l'Architecture. Les Architectes, avant de commencer un bâtiment, en tracent sur le papier les plans et les élévations.

On appelle Architecture civile l'art de construire es maisons; comme on appelle Architecture militaire l'art de fortifier les places.

On compte cinq ordres d'Architecture, savoir : le Toscan, le Dorique, l'Ionien, le Corinthien et le Composite.

Les Arts et Métiers.

On nomme Arts et métiers ce qui fait l'occupation des artisans et des ouvriers. Il y a peu de ces métiers qui ne tiennent aux manufactures ou à quelque autre science. Les manufactures sont des maisons où l'on rassemble plusieurs ouvriers pour la même entreprise. Telles sont les manufactures de glaces, de fer-blanc, de verres, de draps, de tapisseries, etc.

L'Artillerie.

On ne saurait s'emparer d'une place forte sans le secours du canon, des bombes, des grenades, et des autres machines de guerre qui sont en usage pour détruire les remparts, et brûler les villes qui font résistance.

On comprend dans l'Artillerie l'art de construire ces machines, et la perfection des différentes manœuvres qu'on emploie pour s'en servir avec succès.

La Géométrie.

Le traité le plus important des mathématiques, et qui aide le plus à réussir dans l'étude des autres traités, c'est la Géométrie. Le bon Géomètre mesure et divise, par des règles certaines, tout ce qui se présente à la vue et même à l'imagination.

Le Commerce.

Sans le Commerce, nous manquerions d'un grand nombre de choses qui viennent des pays étrangers; les étrangers manqueraient aussi de tout ce qu'ils tirent de chez nous.

Acheter des étoffes, des meubles, des denrées dans tous les pays et dans toutes les villes du monde, envoyer dans ces pays et dans ces villes des marchandises pour y gagner, c'est faire le commerce, c'est être dans le négoce. Les Banquiers commercent aussi en argent, par le moyen des lettres de change.

La Jurisprudence.

La Jurisprudence renferme tout ce qui sert à rendre la justice selon les lois. L'étude de cette science est ce qu'on appelle l'étude du droit. Un Juge l'apprend pour punir les criminels, à proportion des crimes qu'ils ont commis, et pour juger les contestations des plaideurs. Un Avocat et un Avoué l'apprennent pour aider de leurs conseils, et pour faire valoir les raisons de ceux qui plaident.

L'Histoire.

Sans les recherches des historiens, nous ignorerions ce qui est arrivé depuis la création du monde dans tous les pays qui le composent. L'histoire universelle nous rappelle non-seulement ce qui s'est passé chez chaque peuple, mais elle nous apprend encore les mœurs, les liaisons et les guerres que ces peuples ont eues. Les histoires particulières sont celles qui ne parlent que d'un pays ou d'un événement; par exemple, la guerre de Troie, l'histoire de France, etc.

La Fable.

La Fable était la religion des Païens; ils adoraient plusieurs dieux. La connaissance de ces faux dieux, et de tout ce qui a quelque rapport à eux, se nomme aussi Mythologie. Il faut prendre garde de confondre la Fable avec les fables, qui sont de petits contes que l'on récite, et dont les animaux sont le plus souvent les acteurs.

L'Histoire Naturelle

Tout ce que produit la Nature se divise en trois parties: le règne des animaux, celui des végétaux, et celui des minéraux.

Les hommes, les poissons, les oiseaux, les insectes et généralement toutes les bêtes sont du règne animal. Les arbres et les petites plantes sont du règne végétal. Tout ce qu'on trouve dans la terre, comme les pierres, les diamans, l'or, l'argent et les autres métaux, compose le règne minéral. Quand on connaît ce que rassemblent ces trois règnes, on sait l'histoire naturelle.

La Guerre.

Dès qu'un Souverain a de justes raisons de se plaindre d'un autre Souverain, il lui déclare la guerre. Il envoie sur les terres de son ennemi des armées pour s'emparer des villes qui sont sous son obéissance. L'art de la guerre comprend l'attaque et la défense des villes : c'est la science d'un général d'armée et de tous les officiers qui servent sous ses ordres.

La Marine.

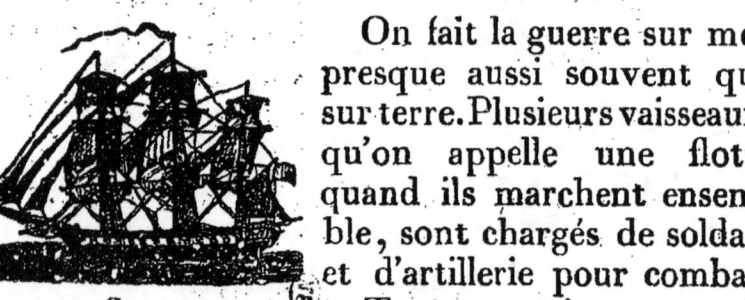

On fait la guerre sur mer presque aussi souvent que sur terre. Plusieurs vaisseaux, qu'on appelle une flotte quand ils marchent ensemble, sont chargés de soldats et d'artillerie pour combattre une flotte ennemie. Tout ce qui concerne la construction et la façon de conduire ces vaisseaux s'appelle la marine ou la navigation.

Il y a des vaisseaux qui ne servent qu'à transporter des marchandises; ce sont les vaisseaux marchands ; les autres sont les vaisseaux de guerre.

Le Dessin.

Nous connaissons peu d'arts qui puissent se passer du Dessin. Tracer au crayon la vue d'une campagne, une figure, la façade d'une maison, d'un jardin, les fleurs d'une étoffe, est ce qu'on appelle dessiner.

Il y a des Dessinateurs qui ne travaillent que pour l'architecture, les uns pour le paysage, les autres pour l'ornement.

La Musique.

La Musique enseigne les règles de l'harmonie, et c'est ce qu'on appelle composition. Elle enseigne aussi à rendre méthodiquement, par le son de la voix ou par le secours des instrumens, les différens tons qui forment l'harmonie : ainsi on la divise en musique vocale et en musique instrumentale. La précision dans la mesure est nécessaire aux deux genres de musique.

La Géographie.

La connaissance générale des parties qui composent le monde s'appelle Géographie. Pour donner cette connaissance, pour être obligé de parcourir ces pays immenses, les Géographes tracent sur des cartes la situation et la forme de ces pays. On distingue facilement, sur les cartes, les mers, les montagnes, les rivières, les villes, et tout ce qui forme le monde terrestre.

La Sphère.

Il faut toujours joindre à la science de la Géographie celle de la Sphère; elle enseigne à connaître le monde terrestre. On appelle monde céleste le *Ciel*, où l'on distingue le soleil, la lune et les étoiles. C'est la Sphère qui représente le cours des astres; et, pour faciliter l'étude de ces sciences, on dessine le ciel et la terre sur deux boules, qu'on nomme globe terrestre et globe céleste.

L'Astronomie.

Les Astres ont une grandeur déterminée, dont les Astronomes rendent un compte exact; et ils connaissent si bien la distance et le cours de ces Astres, qu'ils annoncent une éclipse qui ne doit paraître que dans cent ans, dans mille ans. Le progrès que l'on fait dans l'étude de la Sphère sert beaucoup à l'intelligence de l'Astronomie.

Médecine.

Quand, par l'usage de l'Anatomie, on connaît les fonctions de chaque partie du corps, il faut que la Médecine apprenne à connaître les remèdes que l'on peut apporter au dérangement de ces parties. Une trop grande chaleur cause-t-elle la fièvre, un Médecin sait ce qu'il faut pour la tempérer, et pour guérir enfin tous les maux auxquels le corps humain est sujet.

La Botanique.

C'est la partie la plus essentielle de l'Agriculture, et la plus utile à la Médecine. Nous connaissons environ trente-six mille plantes. Un Botaniste doit en distinguer les noms et les espèces, et doit surtout savoir quel est l'usage de chacune de ces plantes. La Botanique s'appelle aussi la connaissance des Simples.

La Chimie.

Les trois règnes de l'histoire naturelle font l'occupation de la Chimie. Elle distille les plantes, pour en séparer le pur et l'impur; elle travaille les métaux pour les rendre plus parfaits. Différentes parties des animaux sont aussi mises en œuvre par les Chimistes. Les opérations qui ne tendent qu'à la composition des médicamens appartiennent à la Pharmacie, qu'on appelle aussi Apothicairerie et Pharmacopée.

La Poésie.

La Poésie est l'art de faire des vers, et l'on appelle Poètes ceux qui y réussissent. Les vers sont des mots arrangés dont on compte chaque syllabe. Il y a des vers de différentes longueurs, mais ils finissent toujours par un mot qui rime avec le dernier mot d'un autre vers. Les grands vers, qu'on appelle *alexandrins*, sont composés de douze syllabes.

Voici un exemple de quatre vers:

On me le dit du matin jusqu'au soir;
Il est bien glorieux, dans l'âge le plus tendre,
D'apprendre et de savoir:
Mais pour savoir, il faut apprendre.

Des différens Exercices.

L'art de tirer des armes est un exercice nécessaire à un homme exposé à attaquer et à se défendre l'épée à la main.

Plusieurs exercices sont aussi en usage pour l'utilité et pour l'amusement; ils ont chacun leurs règles particulières: tels sont la chasse aux chiens courans, la chasse aux oiseaux de proie, la pêche et beaucoup d'autres.

TRAITÉ D'ARITHMÉTIQUE.

Les principales règles du calcul sont : l'*Addition*, la *Soustraction*, la *Multiplication* et la *Division*.

L'ADDITION.

Fanfan, supposons que tu tires quelques cerises d'une corbeille; pour savoir combien tu en auras pris, tu diras

par exemple. . . . . . . 4 cerises
plus 2 cerises,
plus 3 cerises,
font 9 cerises.

Le nombre 9 est le total que tu cherchais.

Ainsi l'*Addition* consiste à ajouter plusieurs nombres les uns aux autres pour en connaître la somme totale.

LA SOUSTRACTION.

Supposons que tu n'aies pris que 7 cerises, et que tu en remettes 4, combien t'en restera-t-il ?

de 7 cerises,
ôte 4 cerises,
reste 3 cerises.

Ainsi, par la *Soustraction*, on ôte un moindre nombre d'un plus grand pour savoir ce qu'il en reste.

LA MULTIPLICATION.

Si je te donne 15 cerises par jour, combien en mangeras-tu en 4 jours ?

Multiplie. . . . 15
par. 4
c'est-à-dire compte 4 fois 15,

tu trouveras. . . . 60 cerises.

La *Multiplication* consiste donc à multiplier deux nombres l'un par l'autre, pour trouver un troisième nombre qui contienne le premier autant de fois qu'il y a d'unités dans le second.

LA DIVISION.

Si, par hasard, il ne s'était trouvé dans la corbeille que 30 cerises, et qu'il t'eût fallu les partager entre 6 personnes, combien chaque personne en aurait-elle eu ?

30 { divisés par 6, donnent 5

Chaque personne aurait donc eu 5 cerises.

L'usage de la *Division* est, comme tu vois, de partager un nombre en autant de parties qu'il y a d'unités dans celui par lequel on le divise.

TABLE DE MULTIPLICATION.

2 fois	2	font	4	5 fois	7	font	35
2 fois	3	font	6	5 fois	8	font	40
2 fois	4	font	8	5 fois	9	font	45
2 fois	5	font	10	6 fois	6	font	36
2 fois	6	font	12	6 fois	7	font	42
2 fois	7	font	14	6 fois	8	font	48
2 fois	8	font	16	6 fois	9	font	54
2 fois	9	font	18	6 fois	10	font	60
3 fois	3	font	9	7 fois	7	font	49
3 fois	4	font	12	7 fois	8	font	56
3 fois	5	font	15	7 fois	9	font	63
3 fois	6	font	18	7 fois	10	font	70
3 fois	7	font	21	7 fois	11	font	77
3 fois	8	font	24	8 fois	8	font	64
3 fois	9	font	27	8 fois	9	font	72
4 fois	4	font	16	8 fois	10	font	80
4 fois	5	font	20	8 fois	11	font	88
4 fois	6	font	24	8 fois	12	font	96
4 fois	7	font	28	9 fois	9	font	81
4 fois	8	font	32	9 fois	10	font	90
4 fois	9	font	36	9 fois	11	font	99
5 fois	5	font	25	9 fois	12	font	108
5 fois	6	font	30	10 fois	10	font	100

CHIFFRES ROMAINS.

1	2	3	4	5	6	7	8	9	10	20
I.	II.	III.	IV.	V.	VI.	VII.	VIII.	IX.	X.	XX.

30	40	50	60	70	80	90	100	200
XXX.	XL.	L.	LX.	LXX.	LXXX.	XC.	C.	CC.

300	400	500	600	700	800	900	1000
CCC.	CD.	D.	DC.	DCC.	DCCC.	CM.	M.

COMPLIMENS.

UN ENFANT A SON PAPA, POUR LE JOUR DE SA FÊTE.

En te présentant cette fleur,
Ton enfant t'offre peu de chose ;
Mais il te donne aussi son cœur :
Un bon cœur vaut mieux qu'une rose.

A SA MAMAN, POUR LE JOUR DE SA FÊTE.

Chants de reconnaissance et d'amour,
A ma mère je vous adresse ;
A ma mère, dont en ce jour
J'honore la vive tendresse.
Bonne maman, reçois ces fleurs
Que t'offre la main de l'enfance ;
C'est le seul encens qu'aux bons cœurs
Présente la douce innocence.

AUX MÊMES, POUR LE JOUR DE LEUR FÊTE.

Ce n'est point en offrant des fleurs
Que je veux peindre ma tendresse :
De leur parfum, de leurs couleurs,
En peu d'instans le charme cesse.
La rose naît en un moment,
En un moment elle est flétrie ;
Mais ce que pour vous mon cœur sent
Ne finira qu'avec ma vie.

A PAPA, POUR LE PREMIER JOUR DE L'AN.

Si le ciel exauce mes vœux,
Il prolongera tes journées ;
Car lorsque l'on fait des heureux,
On ne vit jamais trop d'années.

A MAMAN, POUR LE PREMIER JOUR DE L'AN.

Santé, contentement, plaisirs,
Sont les souhaits de mon enfance :
Le ciel exauce les désirs
Qui sont formés par l'innocence.

FIN.

LIMOGES.—IMPR. DE BARBOU FRRÈRES.

www.ingramcontent.com/pod-product-compliance
Lightning Source LLC
LaVergne TN
LVHW021727080426
835510LV00010B/1166